## SUMARIO

# 1. INTRODUCCIÓN

La transferencia de carga (aprovisionamiento en la mar) entre dos buques de diferente tamaño en alta mar (RAS ó FAS: "replenishment at sea" ó "fuelling at sea"), requiere un amarre entre ambos a lo largo de toda la eslora de los mismos. La disposición del amarre adoptada en estos casos depende del tamaño de los buques implicados en la operación de transferencia de carga, así como de la diferencia de tamaño entre ellos. En líneas generales, la figura 1 ilustra un amarre recomendado para la transferencia entre buques en alta mar.

**Ilustración 1**

*Dos buques realizando operaciones RAS en alta mar*

**Ilustración 2**

*Buques realizando operaciones FAS en alta mar*

2

**Ilustración 3**

Buque de descarga

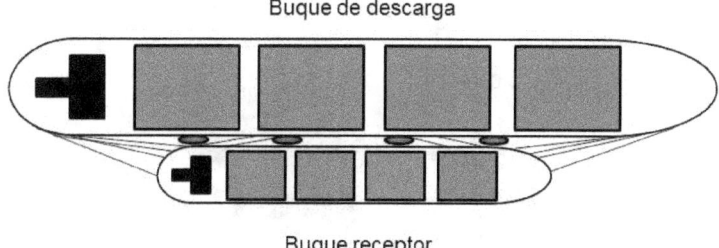

Buque receptor

*Amarre recomendado para operaciones RAS/FAS en alta mar*

Una consideración importante durante las operaciones de aprovisionamiento en la mar es la de proveer guía-cabos a todas las líneas de amarre, evitando la posibilidad de que estas sufran rozaduras innecesarias contra el buque, defensas o entre ellas mismas. Este punto es crítico cuando observamos diferencias claras de francobordo entre ambos buques, como podemos ver en la figura 4.

## 2. REQUISITOS PARA EL BUQUE MENOR (EL RECEPTOR)

El equipamiento estándar del buque de menor porte suele ser suficiente para las operaciones FAS/RAS. Los buques equipados con cables deben incorporar estachas sintéticas para introducir más elasticidad y una discontinuidad eléctrica al conjunto, permitiendo además en caso de emergencia, el picado (corte) de las mismas por la tripulación.

Es recomendable que los guía-cabos sean cerrados ya que el francobordo relativo entre los dos barcos cambiará de manera significativa durante la operación de transferencia de la carga.

Si las líneas de amarre son cables, la abertura de los guía-cabos cerrados será lo suficientemente grande para permitir el paso del grillete de unión del mismo.

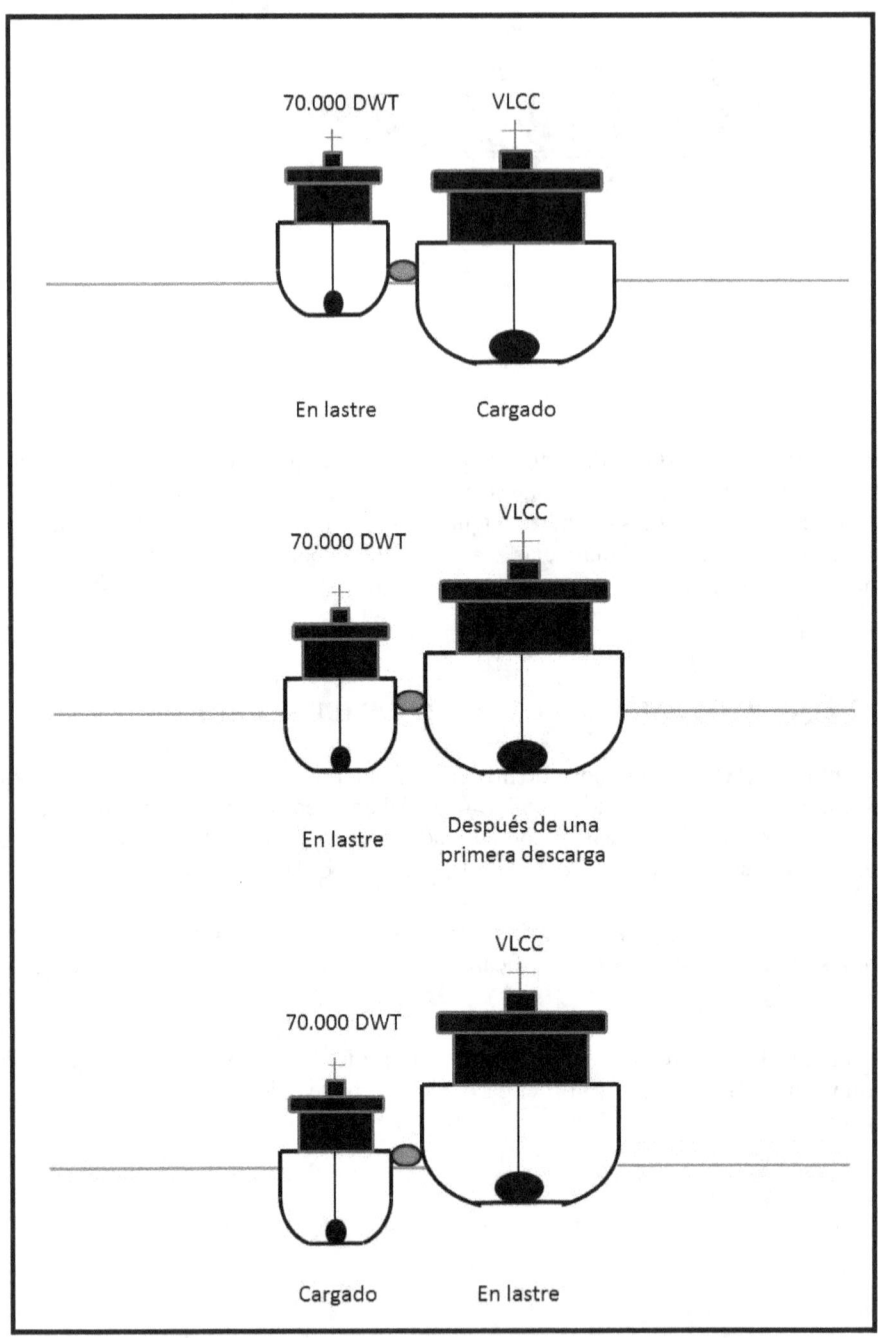

*Diferencias de francobordo durante operaciones FAS/RAS*

## 3. REQUISITOS PARA EL BUQUE MAYOR (EL PROVEEDOR)

El buque de descarga (el mayor de los dos, el proveedor) requerirá una disposición de amarre especial para permitir un amarre adecuado entre ambos buques. Normalmente en este tipo de operaciones el buque de descarga proporcionará el amarre al buque menor por el lado de estribor, por lo que esa banda del buque se proveerá de accesorios especiales que faciliten y aseguren dicho amarre. A veces la línea de spring del buque menor llega al buque de descarga a una zona a la que no se le suele dotar de guíacabos, por lo que se recomienda que los buques tanque de gran porte cuenten con guiacabos cerrados con unas dimensiones de 500x400 mm a unos 35 metros de la línea media del buque a proa y a popa y en la banda de estribor. Al no ser estas medidas estándar, algunos armadores emplean de manera satisfactoria dos guiacabos de 500x250 mm en el lugar de uno de 500x400 mm.

De la misma manera en el buque receptor, los guiacabos deberán ser cerrados con el objeto de evitar problemas al aparecer diferencias de francobordo entre los buques.

Los requisitos dimensionales para los guiacabos recogidos en este apartado deben ser añadidos a aquellos relativos al amarre de buques en puerto, terminales de descarga y amarre a remolcadores.

En algunos casos se requerirá también la instalación de bitas con el fin de asegurar el amarre del buque menor.

Algunos marinos utilizan sólo una línea de amarre por cada guiacabos, con el fin de evitar rozaduras entre ellos al cambiar el calado entre los buques. En este caso los guiacabos se dispondrán en parejas y se ayudarán de una bita convencional.

Además, se recomienda que se proporcionen medios para hacer pasar un mensajero de un buque a otro. Este mensajero se hará pasar a través de uno de los guiacabos hasta uno de los cabrestantes del buque. Para este propósito podrá usarse una bita en lugar de un rolete para la guía del cabo hasta el cabrestante.

## 4. AUMENTO DEL AMARRE EN CONDICIONES EXTREMAS

Como es lógico, no es práctico dimensionar el buque para las peores condiciones con las que se encontrará a lo largo de su vida operativa, por lo que cuando los criterios estándar relativos a los sistemas de amarre y fondeo son sobrepasados, el buque debe, o bien abandonar el puesto de atraque, obtener asistencia con remolcadores u organizar las restricciones debidas al amarre adicional.

Tanto el buque como el puerto deberán estar preparados para realizar las acciones pertinentes en caso de emergencias como fuegos, para lo que se requerirá equipo adicional a bordo del buque (trozos de seguridad interior).

## 5. FUERZAS AMBIENTALES EXTREMAS

Para aumentar la capacidad de amarre cuando las condiciones ambientales son extremas existen dos vías posibles. La primera consiste en aumentar las líneas de amarre a puerto. La otra es proporcionar al buque amarres a puerto con elementos de trincaje (tipo shoretension), lo que permite un acercamiento fácil y seguro del mismo a la terminal. En cualquier caso, se requerirán bitas y guiacabos adicionales.

Se recomiendan guiacabos, bitas asociadas y molinetes para un número de líneas de amarre igual o superior en un 50% al número estándar de las mismas. Las guías y guiacabos se encontrarán cercanas a las líneas de amarre. Esto permite cobrar a bordo la maniobra con más facilidad.

Se tendrán en cuenta los factores ambientales extremos como viento y corrientes, que influyen el buque como se muestra en la figura 5.

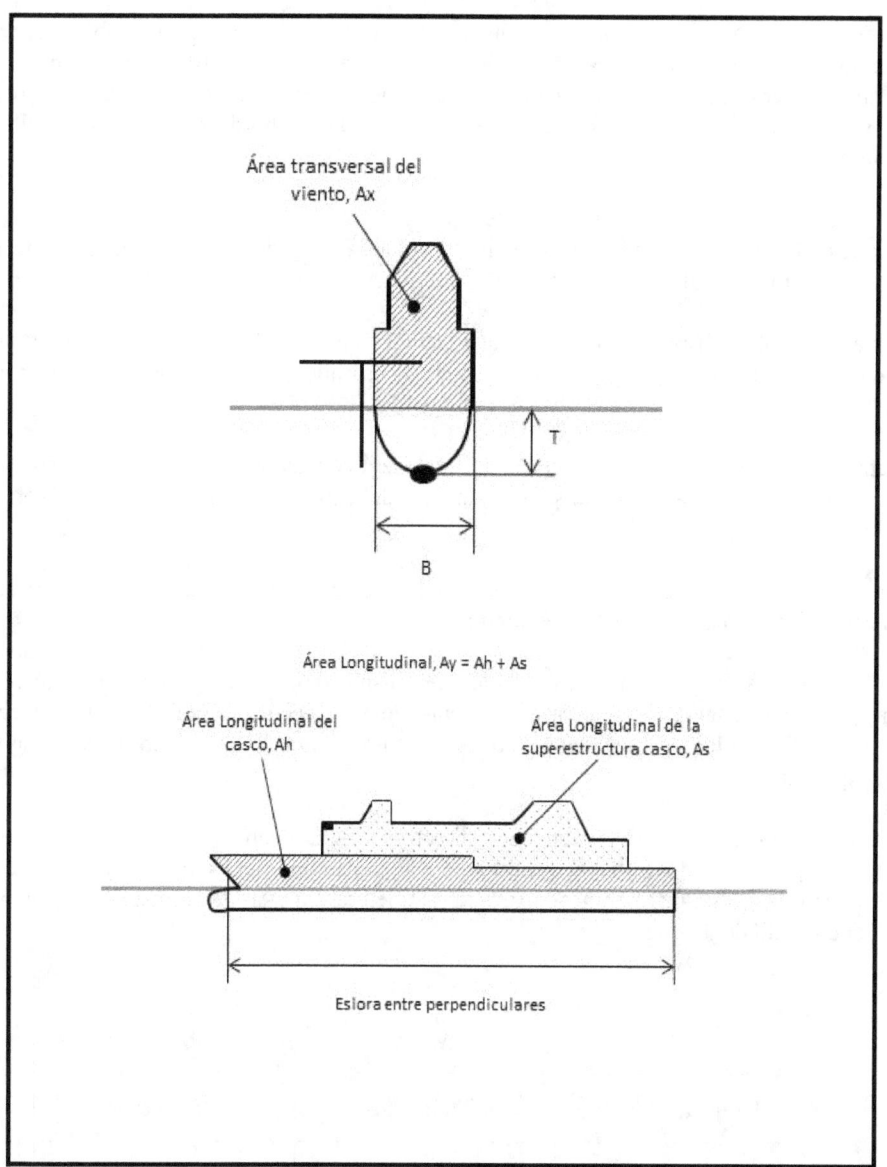

*Áreas afectadas por el viento en el buque*

## 6. CABLES DE REMOLQUE PARA LA PREVENCIÓN DE INCENDIOS

Los puertos y terminales en alta mar requieren la presencia de este tipo de cables para que los remolcadores puedan, sin apoyo alguno de la tripulación de a bordo, retirar el buque de la terminal/puerto en caso de una emergencia, como puede ser en el caso de fuego o una explosión a bordo del buque. Estos cables colgarán por la borda contraria al muelle de descarga.

Un método habitual es disponer dos cables, uno por la proa y otro por la popa, asegurados al buque en las bitas, con un mínimo de cinco vueltas, y dirigidas directamente al guiacabos sin pasar por ningún rolete o pedestal de maniobra.

El final del cable dispondrá de una gaza para el amarre al remolcador, al que se le dispondrá de una boza que volverá a la cubierta, pero que en ningún caso se hará firme a ella.

Durante la carga y descarga del buque esta línea será constantemente ajustada en su altura con el nivel del mar, manteniendo siempre la gaza del cable entre uno y dos metros sobre el nivel del mar.

Cuando estos cables no estén en uso es preferible que se encuentren estibados en carreteles o en cajas de estachas situadas bajo cubierta.

Estos cables serán de 6 x 36, y construidos del mismo tipo de acero que el recomendado para las líneas estándar de amarre descritas en la Sección 6 del OCIMF Mooring Guidelines. El empleo de estachas sintéticas o naturales no está permitido por el riesgo de que se quemen.

En la tabla siguiente se establecen unas directrices para establecer el punto mínimo de rotura y longitud de estos cables para diferentes tamaños de buques, pero hay que tener en cuenta que la longitud de los mismos variará también en función de la posición de las bitas y el francobordo del buque:

| DWT | MBL | Longitud |
|---|---|---|
| Menos de 20.000 | 30 toneladas | 25 metros |
| 20 - 100.000 | 55 toneladas | 45 metros |
| 100 - 300.000 | 100 toneladas | 60 metros |
| 300.000 | 120 toneladas | 70 metros |

*Recomendación de longitud y punto mínimo de rotura para la línea de prevención de incendios en el buque*

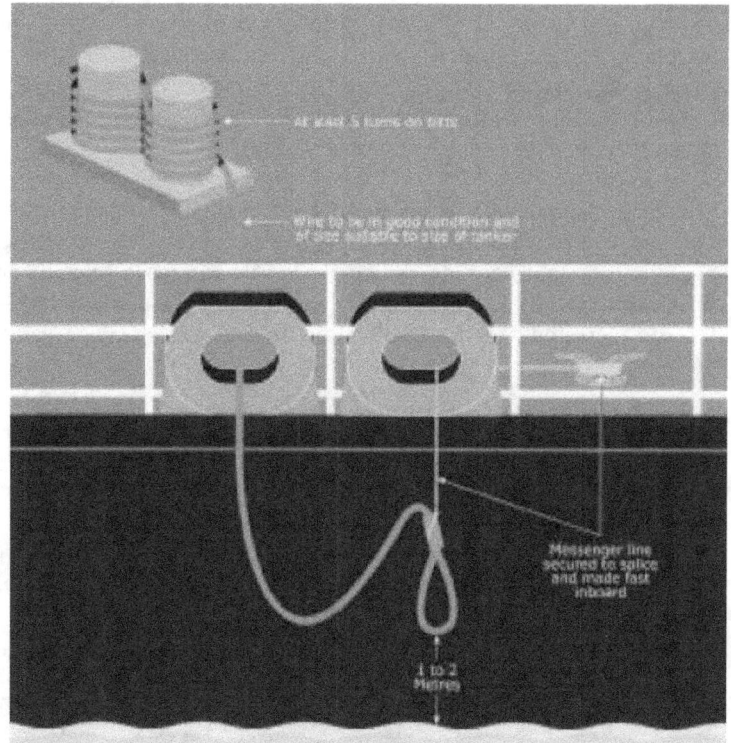

*Altura y fijación de la línea de prevención de incendios en el buque*

## 7. COMBINACIÓN DE DIVERSOS REQUISITOS

Los requisitos para la disposición de todos los sistemas de los buques no se aplican simultáneamente.

Con el fin de reducir los costes y la complejidad del diseño, es recomendable que durante la fase de diseño del buque se ajuste la ubicación de las líneas de amarre con el fin de que guiacabos, bitas y demás elementos de maniobra sirvan para cumplir los mayores requisitos posibles para el buque.

Por ejemplo, cuando un guiacabos del costado del buque es diseñado principalmente para su uso en muelles y terminales de descarga en conjunto con los chigres de amarre, será necesario el empleo de roletes y guiacabos de rodillos.

## 8. CONSIDERACIONES OPERACIONALES Y DE SEGURIDAD

Por motivos de seguridad es muy recomendable el establecer las líneas de amarre y los molinetes de tal manera que las estachas puedan dirigirse directamente desde estos últimos a los guiacabos, sin hacer uso de roletes o pedestales de maniobra. En caso de empleo de estos sistemas de guiado de cabos de amarre los controles del molinete se ubicarán en un lugar adecuado que minimice los riesgos para el operador.

Con el fin de reducir la mano de obra y aumentar la velocidad de las operaciones de amarre y desamarre del buque, todas las líneas de amarre estarán estibadas en carreteles y se considerará la opción de establecer chigres independientes para cada línea de amarre para que exista la posibilidad de operar de manera independiente cada línea en caso de que sea necesario. Estas consideraciones eliminarían la difícil tarea de tener que estar abozando continuamente.

## 9. EQUIPAMIENTO Y LÍNEA DE AMARRE ADECUADA

La disposición del amarre requiere para las operaciones rutinarias un espacio adecuado que garantice, conjuntamente con la disposición de los chmoigres sobre la cubierta, un ángulo adecuado hasta el carretel del mismo. Este ángulo será el máximo ángulo de desviación permitido con respecto al eje perpendicular del carretel. A continuación se establecen unas directrices para adecuar la disposición de dicho ángulo máximo permitido:

- La distancia mínima entre la bita y el guiacabos será de 1,8 metros para proporcionar el espacio adecuado para la instalación de bozas para las estachas.

**Ilustración 7**

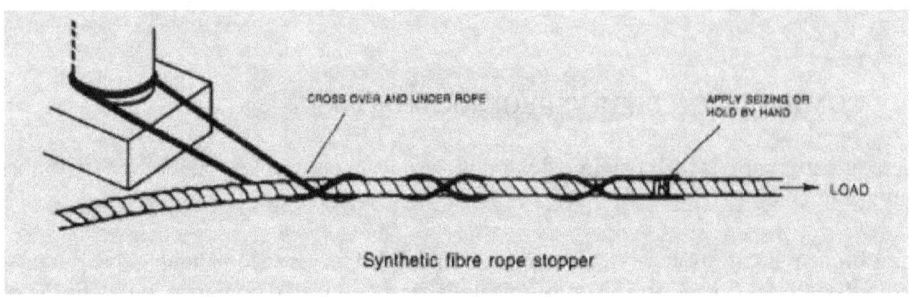

*Boza para la estacha*

- La distancia mínima entre el carretel del chigre y el guiacabos más cercano será suficiente como para que el ángulo de desviación no supere 1,5°. Esto significa que la distancia mínima entre el carretel del chigre y el guiacabos más cercano será aproximadamente de 19 veces el ancho del carretel si la línea de amarre se establece en línea con el guiacabos. Si se disponen roletes para el guiado de la estacha se establece que la distancia entre ambos elementos se incrementará para mantener el 1,5° de desviación máxima en cualquier condición.

- En caso de chigres con carretel dividido, únicamente se considerará para el mantenimiento del ángulo de desviación máxima la parte de aquel en el que se aplique tensión a la línea.

El factor de seguridad será por lo tanto definido proporcionalmente al límite elástico para definir en último término el SWL, teniendo en cuenta que el límite elástico del material es el punto en el que éste presenta una deformación permanente. Esta definición sería aplicable a elementos como estachas sintéticas o cables en los que el límite elástico es difícil de establecer.

Los factores de seguridad tendrán en cuenta las eventualidades producidas por cargas dinámicas, desgaste o corrosión en los elementos, así como el empleo de material de menor calidad que el exigido. La elección del factor de seguridad se verá también condicionada por la consideración de un fallo. Por ejemplo, los factores de seguridad que afectan a elementos de sujeción del personal son elevados, previniendo un posible fallo.

El punto de aplicación y dirección de la carga en combinación con la carga propia de la línea determinará la carga total y el esfuerzo soportado por el elemento. Una línea de amarre que realice un giro de 180° en una bita o en un rolete/pedestal de maniobra, provocará una carga doble en el elemento, así como si la línea está dispuesta en la cabeza de la bita producirá una mayor carga que si está emplazada en su base.

## 10. ESTUDIO Y ELABORACIÓN DE ESTADÍSTICAS RELACIONADAS CON ACCIDENTES OCURRIDOS DURANTE OPERACIONES DE AMARRE

La mayoría de los accidentes relacionados con los equipos de amarre, ocurridos en los últimos veinte años, han finalizado con daños de alto coste, tanto materiales como personales, que se han traducido en muchos marinos heridos.

Muchos de estos accidentes han ocurrido durante el manejo de cabos y cables, donde a veces los cabos han partido (53 %) o se han salido de tambores, cabirones y bitas (42%), provocando golpes, atrapamientos y sacudidas. Sólo un 5% de los accidentes se ha producido por fallos de los equipos de amarre.

La rotura de cabos y cables ocurre normalmente durante las operaciones generales de amarre, aunque los fallos del equipo en el remolque, su mal uso, y la meteorología, también juegan un papel importante en los accidentes.

Los accidentes no originados por rotura de cabos generalmente se originan, durante las operaciones de amarre, por atrapamiento de la tripulación con dichos cabos, o por sacudidas de los mismos sobre las personas cuando se escapan de los cabirones, tambores y bitas.

Las siguientes figuras resumen lo explicado en este apartado:

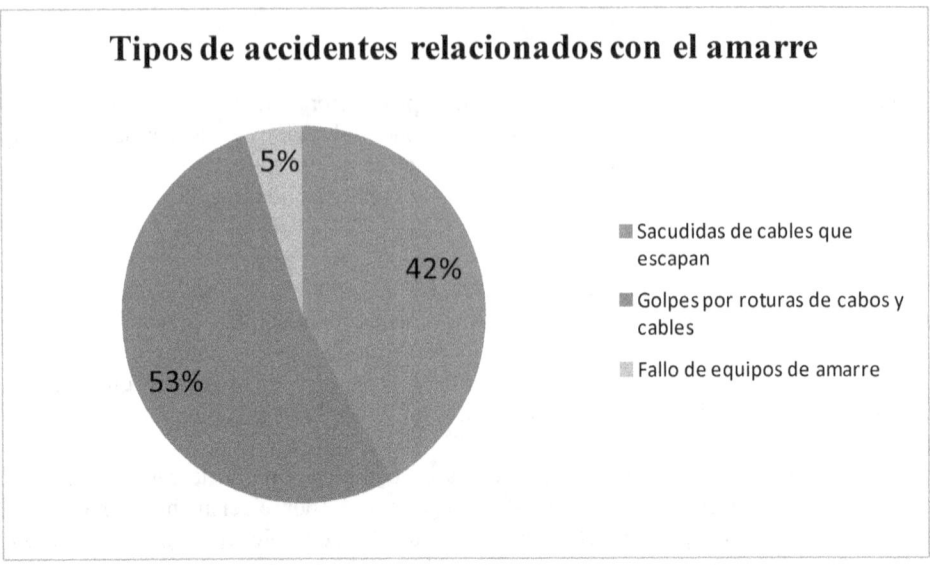

**Tipos de accidentes relacionados con el amarre**

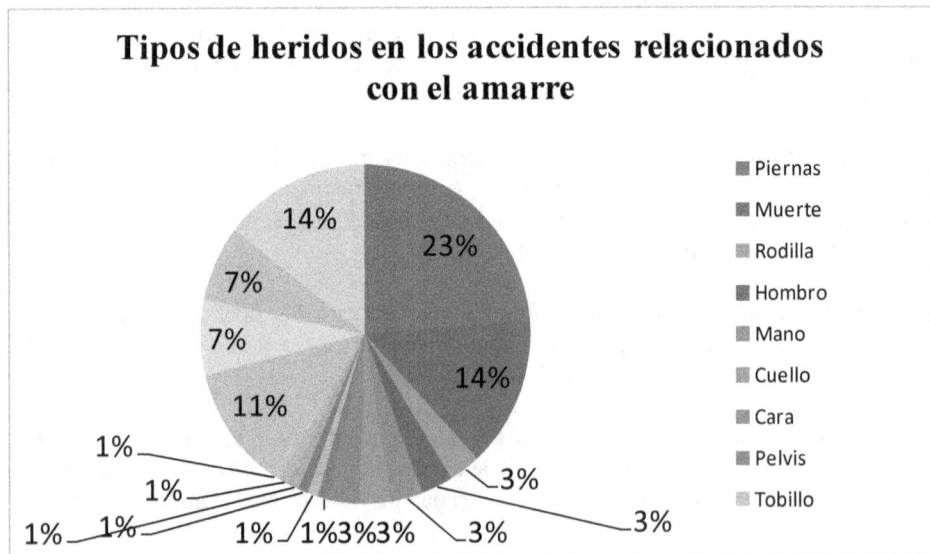

**Tipos de heridos en los accidentes relacionados con el amarre**

- **Evaluación de riegos en estaciones de amarre:**

La evaluación de riesgos se debe realizar sobre todos los lugares susceptibles de realizar operaciones relacionadas con el amarre a bordo; observándolos detenidamente, con el fin de buscar los peligros que puedan causar lesiones a los tripulantes. Las zonas de amarre contienen gran parte de los numerosos peligros del buque, y ponen de relieve esto como punto de partida.

- **Peligros:**

Los riesgos físicos a destacar no se deben limitar a guías, bitas y cornamusas. También se deben incluir estructuras tales como plataformas de los molinetes, escobenes, gateras y tapas.

- **Ejemplos de zonas de amarre muy inseguras y peligrosas:**

Por desgracia, esta foto muestra una imagen muchas veces reconocida por los inspectores de buques. No sólo están los chigres, oxidados y mal cuidados, sino que toda la estación de amarre se encuentra escasa de mantenimiento, y con riesgo potencial de provocar accidentes por la falta de cumplimiento de las normas:

**Ilustración 10**

*Chigres en mal estado*

- La zona de amarre está sucia y todas las superficies exigen la necesidad de un buen mantenimiento.

- Todas las superficies están pintadas del mismo color, escondiendo peligros tales como cajas de estibas, plataformas de los molinetes, escotilla de acceso al castillo y bitas, entre otros.
- No hay marcas, avisos o advertencias de peligros.

Las marcas de aviso o peligro son muy importantes para la seguridad de la tripulación de nuevo embarque, alumnos de náutica y visitantes. También son importantes para los tripulantes más experimentados, que tienden a confiarse, a veces por el cansancio y otras veces por estar demasiado ocupados en su trabajo para darse cuenta de que se encuentran ante una situación peligrosa. El resaltar y remarcar las marcas de peligro puede ser muy efectivo, sobre todo si se comparan dos estaciones, una con marcas, y otra sin ellas.

- **Zonas de peligro:**

En la mayoría de los accidentes graves en las zonas de amarre están implicadas líneas de amarre que fallan y rompen. Los marinos experimentados son conscientes de que existe una zona de trabajo peligrosa cuando existe una línea de amarre con tensión. Pero, sin embargo, es extraño el ver que los tripulantes tengan esto en cuenta cuando trabajan en cubierta.

**Ilustración 11**

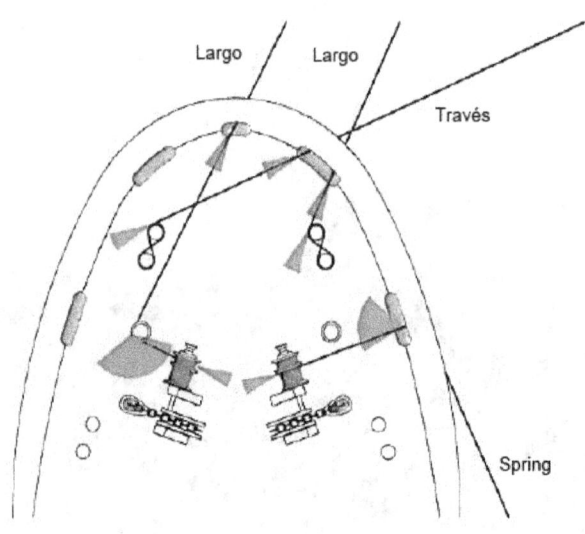

*Sectores de peligro (en rojo)*

Si las zonas de peligro están pintadas sobre la cubierta, la tripulación podrá estar en alerta ante el peligro cuando se den cuenta que están pisando en una de las zonas que ha sido destacada y pintada como peligrosa.

Pintando estas áreas también se ayuda a los oficiales que supervisan la maniobra a que mantengan a toda la tripulación alejada de las líneas que estén bajo tensión.

**Ilustración 12**

*Marcado de zonas de peligro*

**Ilustración 13**

*Marcado de zonas de peligro*

Además al pintar las zonas de peligro se consigue que la tripulación pueda ver claramente esas áreas de peligro, sin tener que estar pensando específicamente en ello, lo cual podría distraerles de su trabajo.

Cuando una línea bajo tensión falte (parta), actuará como un látigo sobre el punto que esté soportando la tensión.

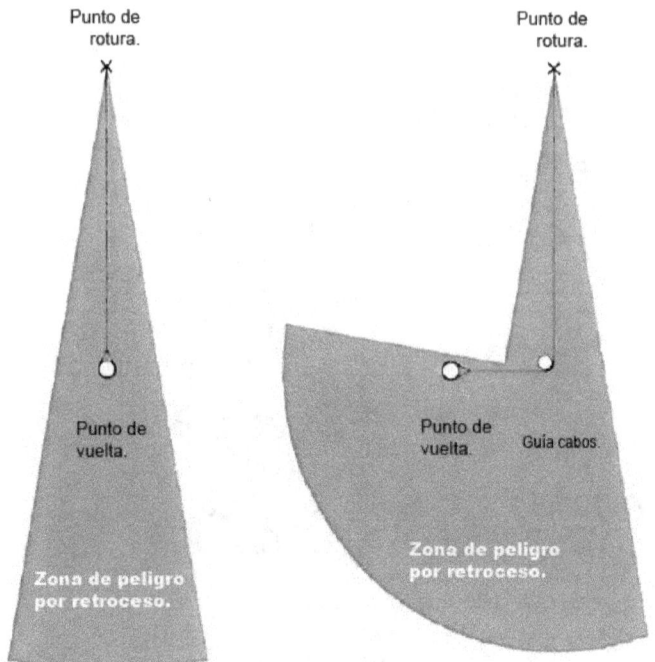

*Puntos de rotura en zonas de peligro*

- **La importancia de prestar atención a los senos formados por las estachas:**

Los marinos experimentados conocen el peligro de estar de pie junto a un seno o amarra enrollada, por lo que resulta sorprendente que existan números tan significativos de accidentes con lesiones personales durante las operaciones de amarre.

El siguiente esquema forma parte de un informe de investigación sobre la muerte de un marino que fue arrastrado, a través de un conjunto de bitas, por una línea de amarre.

## Ilustración 15

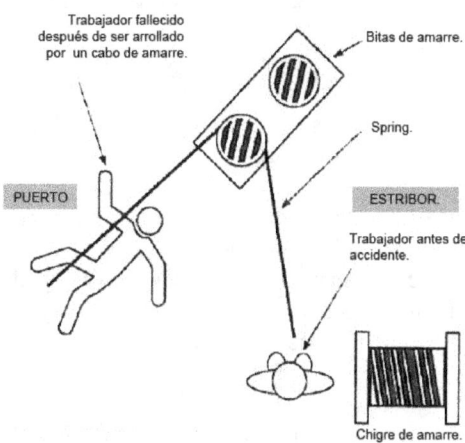

*Trabajador fallecido*

Este accidente también pone de relieve las cuestiones de falta o incumplimiento de procedimiento y de exceso de confianza, ya que el equipo de la estación de amarre de proa informó al puente indicando que todas las estachas estaban claras, cuando todavía una estaba en el agua. Nadie se cercioró de que a medida que el buque se alejaba del muelle, una de las estachas se enganchó en una defensa del cantil del mismo.

Y para desgracia final, un desafortunado marinero que se encontraba cobrando la estacha, introdujo el pie sobre un seno de la misma, e instantes después la amarra cobró tensión, siendo el marinero atrapado y arrastrado a través de las bitas. Se debe tener en cuenta que a veces, durante las maniobras, no se observan bien los senos que forman las estachas, por lo que los usuarios deben estar atentos para no introducir los pies en los senos que formen las amarras.

## Ilustración 16

*Maniobra desafortunada*

- **Personal de las estaciones de amarre:**

Las maniobras de amarre son peligrosas para la tripulación, debido a las grandes cargas y tensiones que soportan las estachas, lo que conlleva un inminente peligro de rotura de las mismas.

Sólo el personal que interviene en las operaciones de amarre debería estar presente en las estaciones de amarre durante las maniobras.

Debería ser una costumbre a bordo, que todo el personal con poca experiencia, tal como alumnos en las primeras etapas de su formación, que vayan a estar involucrados en las operaciones de amarre, deba estar bajo la supervisión y dirección de un marino experimentado. Se debe nombrar personal experimentado que garantice la seguridad de las personas con menos experiencia, y todos deben ser conscientes y preocuparse de que se esté llevando a cabo esa tarea.

Todo el mundo a bordo debe ser consciente de que sólo el personal que participe directamente en las operaciones de amarre debe estar presente en las mismas durante las operaciones de amarre.

A menudo nos encontramos con que el número de tripulantes a bordo en las maniobras no es el mínimo requerido para operar de forma segura durante la maniobra, por lo que es importante señalar que las operaciones de amarre no deben llevarse a cabo con menos tripulación que la que se considere necesaria para realizar el trabajo.

Siempre debe existir un mínimo de dos personas para cada puesto de amarre a lo largo de la operación. Incluso cuando estén instalados sistemas automáticos de amarre, debe estar siempre presente una segunda persona, pensando en la posibilidad de que puede surgir algún problema.

El capitán u oficial responsable de la maniobra no debe permitir que una sola persona ponga en funcionamiento un chigre o cabrestante y maneje la estacha al mismo tiempo. Este debe ser un trabajo para dos personas. Debe estar estrictamente prohibido el afirmar un cabo a una palanca de accionamiento y tirar de ella desde la posición en que se esté manejando la estacha. Si sólo existen dos tripulantes en cubierta para las operaciones de amarre, entonces deben trabajar juntos, primero en la estación de una de las cabezas y después en la otra.

- **Ejemplo de otro accidente real:**

Un buque atracado y amarrado fue cargado hasta que su cubierta quedó por debajo del nivel del muelle. En ese momento alertaron desde el muelle indicando que el spring de proa se había enganchado con un cáncamo del costado del barco. El spring, una estacha de cable, estaba tensa y existía la posibilidad de que en estas condiciones pudiera faltar. A continuación se hizo un esfuerzo para intentar liberar la línea, lascando del molinete, pero debido a la curvatura de la parte de proa del casco, y a la extremada longitud del cable, no se liberaba. Entonces se tensionó la amarra con la esperanza de que se soltara, pero cuando la línea se liberó, era tal la tensión que estaba soportando que empezó a oscilar arriba y abajo, invadiendo el interior del barco y golpeando a un alumno de máquinas en la cabeza.

El alumno de náutica no estaba involucrado en la maniobra y nadie se cercioró de su presencia hasta después del accidente. Tampoco disponía de casco.

En este accidente la línea de spring era demasiado larga. Existía disponible un bolardo, más cercano a la proa del barco, que no fue utilizado. Si se hubiera utilizado ese otro bolardo, probablemente también se hubiera enganchado el spring, pero es improbable que hubiera invadido la cubierta al zafarse.

Este incidente pone de relieve la necesidad de controlar a las personas que estén presentes en las estaciones de amarre, durante las operaciones correspondientes. Asimismo se debe controlar que todo el personal disponga de los equipos de protección EPI´s necesarios y eficientes para las operaciones de amarre.

## 11. MANTENIMIENTO DEL EQUIPO DE AMARRE

El principal requerimiento y la primera preocupación en el plan de amarre a bordo de un buque es el establecer la forma de amarrar en muelles y duques de alba. Los principios para una operación de amarre seguro y eficiente se resumirán a continuación.

El buque atracado puede estar expuesto a fuertes vientos o corrientes de cualquier dirección, por lo que se debe intentar llevar a cabo las siguientes acciones sobre sus tres tipos de estachas principales (largo, través y spring):

**Ilustración 17**

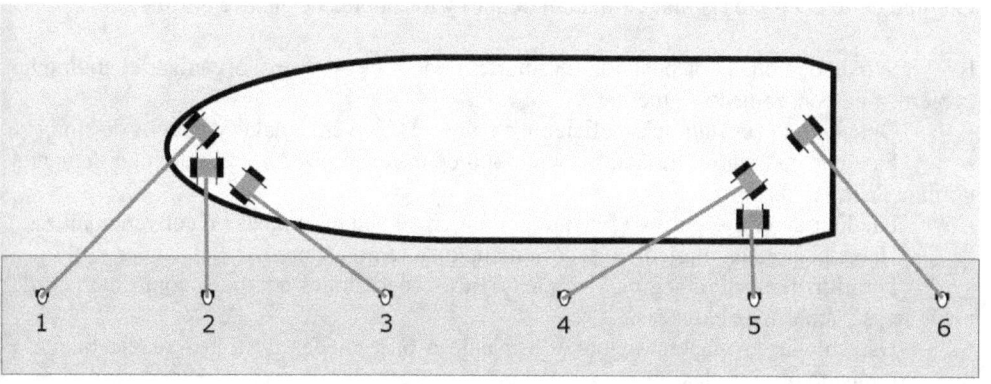

(1. Largo de proa; 2. Través de proa; 3. Spring de proa; 4. Spring de popa; 5. Través de popa; 6. Largo de popa)

•       Las líneas de amarre deben estar dispuestas, tan simétricamente como sea posible, cerca de la zona central del buque (Una disposición simétrica es más probable que asegure una buena distribución de carga, que una asimétrica).

- Las líneas de través deben estar orientadas tan perpendicularmente como sea posible a la línea central longitudinal del buque, y lo más a proa y popa posible.
- Las líneas spring deben estar orientadas tan paralelamente como sea posible al eje longitudinal central del buque.
- El ángulo vertical de las líneas de amarre debe mantenerse al mínimo.
- Deben usarse generalmente líneas de amarre del mismo tamaño y material para todas las cargas. Si esto no es posible, todas las líneas del mismo servicio (por ejemplo traveses, springs, etc.) deben ser del mismo tamaño y tipo. A modo de ejemplo, todos los springs podrían ser de cable y los traveses de fibra sintética.
- Todas las recomendaciones anteriores deben cumplirse desde el principio de la maniobra de atraque. Las modificaciones posteriores serán molestas y harán que se alarguen las maniobras. La experiencia dicta que pocas veces se modifica un amarre una vez terminado, aunque no esté bien realizado.
- Deberán evitarse en todo momento las amarras sueltas ("en banda"), absolutamente ineficaces e incluso peligrosas. Aunque permiten una mayor amplitud de movimiento de la prevista, sus mayores cargas dinámicas (tirones, aplastamiento de defensas, etc.) pueden provocar roturas o deterioro del material. Además, al romperse la simetría del sistema, las fuerzas se reparten de manera irregular, lo que acelera el proceso de "movimiento-tirones-rebote-movimiento".
- Una vez terminada la maniobra de atraque, se deberán revisar las amarras, tensando las que hayan quedado sueltas, de forma sistemática y simétrica, y dejando el buque en contacto con las defensas. Esta inspección y corrección se llevara a cabo de forma periódica, teniendo en cuenta los cambios en la situación del amarre (marea, carga, viento, oleaje, etc.).
- Se revisarán con especial atención las amarras cortas y cables de amarre, pues su menor capacidad de elongación los hace propensos a la rotura en el caso de estrechonazos (tirones).
- Las líneas de amarre en el mismo servicio deben tener aproximadamente la misma longitud entre el chigre (la maquinilla del buque) y los puntos de amarre portuarios.

El objetivo de una buena disposición de amarre a bordo es proveer y organizar el equipo de cubierta para conseguir lo siguiente:
- Obtener una configuración eficiente en amarres convencionales y duques de alba.
- Facilitar un amarre, desamarre y tendido de estachas seguro y rápido, con demanda mínima de mano de obra.
- Facilitar amarre seguro y eficiente por anticipado en terminales no convencionales.
- Hacer posible un eficiente y seguro manejo de remolcadores
- Permitir de manera segura y eficiente otras operaciones comunes como manejo de mangueras y amarre de barcazas.
- Dar cabida de manera segura y eficiente a operaciones de transferencia buque a buque o tránsito por canales.
- Proveer para situaciones de emergencia los requerimientos necesarios tales como la duplicación de líneas (refuerzos) por fuerte viento, o remolque de emergencia de buques sin gobierno.


Los principales fenómenos que puedan dañar a los cables y estachas son los siguientes:

● Enrollamiento: al enrollar los cables o estachas sobre un carretel, las amarras se ven sometidas a esfuerzos de flexión de valor " ", donde "d" es el diámetro de la amarra y "D" es el diámetro del carretel. Por ello, si "D" es pequeño, el esfuerzo de tensión crece de forma importante, especialmente en los cables con diámetros más pequeños. El resultado es la estricción local de la amarra, que aumenta el riesgo de rotura. Para evitar este fenómeno, se recomienda utilizar carreteles de diámetros altos, en torno a 20-30 veces de diámetro del cable.

● Aplastamiento: el aplastamiento de las amarras da lugar al cambio de la posición relativa de los cordones, lo que provoca una fuerte pérdida de la resistencia a flexión. Se recomienda, por tanto, elegir equipos dimensionados de acuerdo con las amarras, que permitan su paso sin forzarlas. Igualmente, debe permitirse un recorrido limpio a las estachas y cables, sin tropiezos en cantos, barandillas, etc.

● Abrasión: la abrasión es la pérdida de material en superficie a causa del roce. El efecto inmediato es la pérdida de resistencia de la amarra y el aumento del riesgo de rotura.

● Corrosión: la acción química de ciertas sustancias, y en particular, del ambiente salino combinado con la luz solar, da lugar al desgaste de las estachas, con la consiguiente pérdida de resistencia. La defensa ante este fenómeno es el recubrimiento de las superficies sensibles, en el caso de los cables, con revestimiento de zinc o la lubricación. Las estachas no admiten este tipo de tratamientos, por lo que debe reducirse al mínimo la acción ambiental, guardándolas secas y protegidas del agua salada y del sol.

En general, se recomienda vigilar periódicamente las amarras a fin de detectar la posible rotura de hilos o cualquiera de los fenómenos anteriores. Deben renovarse aquéllas estachas que presenten cordones rotos, evitando anudarlas. Igualmente, deben sustituirse los cables que muestren más del 20% de los hilos rotos, o bien una reducción del 10% del diámetro en el cable o un 40% en algún cordón.

Se debe revisar también el estado del equipo de amarre, evitando bordes cortantes en las gateras y poleas, superficies abrasivas en los tambores y carreteles y curvaturas pronunciadas en los cables o estachas.

Se debe evitar arrastrar cables y estachas por superficies rugosas y roces con bordes agudos, para impedir la rotura de los hilos y prolongar así su vida operativa. Por la misma razón, se deben evitar los nudos en las estachas, que las debilitan fuertemente y no deben mezclarse en el mismo bolardo, bita o guía, estachas con cables, para evitar los aplastamientos, abrasiones y cortes en aquéllas.

Las amarras deberán estibarse a cubierto, en pañoles o bajo lonas, para evitar en lo posible los efectos de la salinidad, la humedad y la radiación solar. Las estachas de fibra natural deberán secarse antes de ser almacenadas, para impedir la aparición de moho.

Se debe impedir el contacto de las amarras sintéticas con fuentes de calor, que pueden dañarlas definitivamente o, en cualquier caso, rebajan su resistencia.

Se debe verificar también de forma periódica el estado de las defensas, de modo que restrinjan el desplazamiento del buque hacia el muelle y amortigüen su movimiento sin causar daños al casco. Se examinará su grado de deterioro en cuanta a aplastamiento y cizalla, reparándose o reponiéndose si no cumplen su función con eficacia.

Las maquinillas usadas para el amarre, cabrestantes, chigres, estachas de amarre y accesorios y aparejos de amarre, han de ser correctamente mantenidos y sometidos a mantenimiento periódico tal como esté especificado en el sistema de mantenimiento planificado.

El mantenimiento rutinario debe incluir inspecciones visuales de todos los equipos con regularidad, el engrasado de la maquinaria móvil y de los rodillos de los guía-cabos. Los engranajes y embragues expuestos a intemperie deben también ser adecuadamente engrasados con un compuesto apropiado.

Los frenos tienen que ser examinados cuidadosamente para asegurar que todas las articulaciones están funcionando correctamente, que el espesor del material de la banda de freno es adecuado y el estado de las zapatas de freno es satisfactorio.

Los embragues deben operar suavemente, y las clavijas de sujeción de los embragues deben estar colocadas en las palancas de control del embrague, listas para su empleo.

Las palancas de control de las maquinillas tienen que estar marcadas indicando la dirección de operación para virar y largar.

Los extremos de los tambores deben mantenerse libres de oxidación y pintura, y las bancadas de la maquinaria deben ser examinadas periódicamente buscando deterioro o daños.

Se debe comprobar cuidadosamente la integridad de todos los equipos de amarre tales como bitas y cáncamos.

Antes de comenzar las operaciones de amarre, los equipos deben ser examinados visualmente buscando defectos, y comprobando su perfecto funcionamiento. Todo equipo defectuoso debe retirarse del servicio.

## 12. INSTRUCCIONES RELATIVAS A LA SEGURIDAD EN EL USO DE MAQUINILLAS Y CHIGRES DE AMARRE

1. Durante su manejo se deben llevar puestos zapatos de seguridad, mono de trabajo y casco de seguridad con cinta para la barbilla.
2. Se debe respetar una distancia de seguridad con respecto a la estacha o cable, cuando esta esté bajo carga.
3. Se deben llevar puestos guantes de seguridad durante los trabajos con cables o estachas.
4. Nunca situarse dentro de la gaza de una estacha o cable.
5. Nunca se debe dejar funcionando una maquinilla sin vigilancia.
6. No se debe accionar la maquinilla, si todas las personas involucradas en la maniobra no se encuentran en el campo de visión del operador.
7. No se debe intentar calcular la tensión de la estacha o cable dándole una patada, o situándose una persona encima (el intento no tiene sentido y además es peligroso).
8. No se deben guiar estachas sintéticas sobre el tambor o bolardos con ángulos no admisibles. Además de los daños en la propia estacha, debido a la fricción sobre el tambor o carretel, la estacha podría quemarse. En estado de carga, existe el peligro de que la

estacha se suelte de forma repentina y con ello se produzca un peligro de herir al personal de manejo del chigre o molinete.

9. Las personas no deben situarse en las proximidades de la maquinilla, cuando se está realizando una maniobra con la misma. Si el cable hace una coca, podría arrastrar a una persona u objeto hacia el carretel (tambor).

10. No se deben enrollar demasiadas capas en la zona de estiba del carretel, ya que ello podría originar, que no se pueda soltar cable o estacha de una forma controlada.

11. No se debe someter al cable a un radio de curvatura no permitido.

12. Nadie se debe situar demasiado próximo a un cable bajo tensión, ya el mismo podría romper sin advertencia previa.

13. No se deben colocar objetos en la zona de trabajo del cable, ya que si el cable se rompe, los objetos podrían salir despedidos.

14. No se debe permitir que se sitúen más personas de las necesarias en la zona de trabajo de la maquinilla.

15. No se debe someter a carga el cable enrollado en la zona de estiba del carretel o tambor, en caso de que el carretel disponga de zona de almacenamiento. Asegurarse que en la zona de trabajo del tambor se disponga de suficiente longitud de cable.

16. Nadie debe situarse demasiado cerca del tambor o carretel cuando se está manipulando el cable. El cable podría saltar y aprisionar las manos de los operarios.

## 13. INSTRUCCIONES DE SEGURIDAD RELATIVAS A CABLES

1. Se debe evitar guiar los cables a través de aristas vivas o con radios de curvatura demasiado reducidos. Los daños en los cables traen consigo una reducción de su resistencia. Cuando no sea posible realizar una guía de cable en dirección recta, el cable sufre deterioros debido a las aristas vivas o a radios de curvatura demasiado pequeños. Esto es necesario evitarlo.

2. Se debe evitar el cruzar innecesariamente el cable sobre el tambor o carretel. Golpes y deformaciones innecesarias del cable originan una reducción de la resistencia del mismo.

3. Se debe evitar guiar los cables a través de ángulos no admisibles. Debido a la fuerza de tiro de la maquinilla y otro tipo de cargas se pueden producir cargas que sean superiores a la carga máxima de rotura del cable y con ello se pueden originar roturas de cable, antes de que el freno se haya liberado.

## 14. INSTRUCCIONES DE SEGURIDAD PARA EL CABIRÓN

1. La fuerza máxima admisible en el cabirón no debe superar el tiro nominal del tambor de la maquinilla.

2. No está permitido utilizar el cabirón como bolardo.

3. No está permitido arriar el cable contra el freno a través del cabirón.

4. No está permitido cargar el cabirón hasta llegar a originar una sobrecarga del motor

## 15. BIBLIOGRAFÍA

[1] DESIGN OF MARINE FACILITIES FOR THE BERTHING, MOORING, AND REPAIR OF VESSELS, *Gaytthwaite, John,* American Society of Civil Engineers, 2004.

[2] EFFECTIVE MOORING, *Witherby Seaman,* OCIMF, 2010.

[3] El *CÓDIGO PBIP-1 : OPERATIVIDAD EN LA INTERFAZ BUQUE-PUERTO, Marí Sagarra,Ricard,* Barcelona : UPC, 2006

[4] MOORING AND ANCHORING SHIPS, C. *Clark,* London Nautical Institute, 2008.

[5] MOORING EQUIPMENT GUIDELINES, *Oil Companies International Marine Forum,* OCIMF, 2008.